LE
THÉATRE CAMBODGIEN

PAR

ADHÉMARD LECLÈRE

ACCOMPAGNÉ DE FIGURES ET DE 4 PLANCHES

EXTRAIT DE LA *REVUE D'ETHNOGRAPHIE ET DE SOCIOLOGIE*

1910, Nos 11-12, pp. 257-282.

PARIS
ERNEST LEROUX, ÉDITEUR
28, RUE BONAPARTE, VIe

1911

LE
THÉATRE CAMBODGIEN

PAR

ADHÉMARD LECLÈRE

ACCOMPAGNÉ DE FIGURES ET DE 4 PLANCHES

EXTRAIT DE LA *REVUE D'ETHNOGRAPHIE ET DE SOCIOLOGIE*

1910, N°s 11-12, pp. 257-282.

PARIS
ERNEST LEROUX, ÉDITEUR
28, RUE BONAPARTE, VI°

1911

LE THÉATRE CAMBODGIEN

Sous ce titre, *Le Théâtre en Indo-Chine*, M. Gaston Knosp, de Paris, a publié dans *Anthropos*, n° 2 de 1908, un article sur le théâtre annamite et sur le théâtre cambodgien. Je ne veux pas m'occuper ici de la première partie de ce travail dont je n'ai pas particulièrement étudié l'objet et que je connais d'ailleurs très mal, malgré un séjour de vingt-cinq ans en Indo-Chine. Quant au théâtre cambodgien, je le connais mieux parce que j'ai vécu au Cambodge toute ma vie coloniale. C'est à lui que je veux consacrer cet article.

I

Quoiqu'en dise M. Gaston Knosp le théâtre cambodgien n'est point « issu de l'art siamois ». C'est, au contraire, le théâtre siamois qui s'est, à une époque déjà éloignée, inspiré du théâtre cambodgien. Les Kambujas étaient, bien avant que le Siam existât et que les Siamois fussent descendus dans le bassin du Ménam, en possession de cet art scénique, de ces danses bizarres qui constituent ce qu'on appelle le théâtre cambodgien. Il suffit pour s'en convaincre de visiter les monuments en ruine de l'ancien Cambodge, ceux d'Angkor particulièrement, et d'y étudier les bas-reliefs des immenses galeries et des salles pour rejeter cette erreur. On y trouve en effet des danseurs et surtout des danseuses, — *lokhon pros réam* et *lokhon srey réam* (artistes hommes danseurs ou artistes femmes danseuses), — et des *apsaras* (déesses de l'air) qui portent les costumes et qui dessinent les poses des danseuses cambodgiennes d'aujourd'hui. Or, à l'époque où les murs des galeries du Banhyong (vulgairement écrit Bayon) ont été couverts de ces bas-reliefs, les Siamois n'étaient certainement pas, — à Sokhodaya, leur capitale des XIe, XIIe et XIIIe siècles, — en état d'avoir une cour s'amusant des danses qui caractérisaient déjà le théâtre cambodgien depuis plusieurs siècles.

Il ne faut pas oublier, même quand on parle du théâtre, que le Cambodge était déjà une nation puissante, très civilisée quand les Siamois n'étaient encore qu'un petit peuple, civilisé aussi, mais pauvre et, sinon tributaire du Cambodge, ayant au moins accepté, non seulement son hégémonie, mais une sorte de suzeraineté vague qui le plaçait bien au-dessous du grand royaume des Kambujas.

Ce qui a pu induire en erreur les rares auteurs qui ont écrit quelques lignes sur le théâtre cambodgien, et ce qui a porté M. Knosp (de Paris) à admettre ce que des gens mal renseignés lui ont dit, que le théâtre cambodgien provenait de l'art siamois, c'est le fait que beaucoup de pièces —, et non toutes, comme l'insinue ce dernier auteur, — sont aujourd'hui encore chantées en langue siamoise et proviennent de manuscrits siamois. Ce n'est pourtant là qu'un grande erreur. On est en effet universellement convaincu ici que les pièces qui sont dansées au Cambodge et au Siam remontent à une très haute antiquité et que c'est aux Khmêrs que les Siamois les ont empruntées alors qu'elles étaient écrites en langue cambodgienne; on croit partout que les Siamois les ont traduites du cambodgien en leur langue.

Si, disent les lettrés, le théâtre siamois a fini par l'emporter sur le théâtre cambodgien alors en décadence jusqu'à lui avoir été, jusqu'à lui être encore supérieur, c'est que les invasions siamoises au Cambodge, — celle surtout du seizième siècle, la prise de Lovêk et la destruction des livres sacrés, des livres de la loi, des livres

Kénarey se promenant dans la forêt.

du théâtre et de la littérature, — ont plongé le pays dans la plus grande misère; c'est que ces invasions ont ouvert des périodes d'anarchie où l'autorité se trouvait morcelée entre vingt gouverneurs que les circonstances avaient rendus à demi indépendants, c'est que la cour des rois Khmèrs se trouva dispersée et que beaucoup d'entre ces rois, qui en possédaient encore une quelconque, n'avaient plus les moyens d'entretenir des corps de ballets et des salles de danses ou *roung réam*.

Il est alors probable qu'à ces époques troublées, pauvres, ce n'était plus qu'à la cour du roi de Siam qu'on pouvait trouver le théâtre cambodgien, mais on ne peut déduire de là que le théâtre qu'on connaissait à Ayuthyéa et plus tard à Bângkok était d'origine siamoise. Il était d'origine cambodgienne, il y est resté cambodgien bien que thayisé et, quand les Khmêrs se furent repris, se retrouvèrent sujets des descendants de leurs anciens rois, et lorsque la cour se retrouva réorganisée plus ou moins sur le modèle de la cour d'autrefois, ils n'eurent pas besoin de demander au Siam un art qu'ils n'avaient pas absolument négligé.

Dans les grands monastères où se trouvaient des mé-véath (ou prieurs) amis des choses du passé, des arts, alors comme aujourd'hui encore, des troupes non plus de femmes, mais de jeunes garçons habillés soit en femmes, soit en hommes avec les costumes que nous voyons aux danseuses d'aujourd'hui, n'avaient pas cessé de représenter les pièces les plus faciles à interpréter et de danser les pas et les mimes du passé. Il n'était donc pas nécessaire pour les avoir de demander aux Siamois des pas et des marches qui s'exécutaient encore et qui, pour qu'on les rendît mieux, n'avaient besoin que d'être mieux appris sous la direction de professeur plus soucieux de leur art.

Ce qu'on reprit au Siam, ce furent les traductions des textes cambodgiens qu'il avait autrefois tirés du Cambodge et qu'il interprétait. Ce qui fit que ces pièces d'origine cambodgienne ne furent pas retraduites en langue du pays et qu'on prit l'habitude de les chanter en langue siamoise, c'est que, depuis le commencement du xviie siècle, la plupart des rois du Cambodge et des princes furent élevés à la cour d'Ayuthyéa ou de Bângkok, qu'ils apprirent la langue thaye, qu'ils acceptèrent l'hégémonie siamoise et poussèrent l'ingratitude envers leur pays jusqu'à renoncer aux usages cambodgiens pour adopter ceux du Siam [1]. Ce fut un signe accepté de décadence nationale, une mode de gens bien élevés, et la preuve que le Cambodge avait cessé d'être la nation civilisatrice en Indo-Chine et qu'il avait renoncé à l'hégémonie au bénéfice du Siam. Il est probable aussi que beaucoup de danseuses siamoises, alors réputées, comme aujourd'hui encore, plus habiles que les danseuses d'origine khmère, furent appelées du Siam à la cour des rois cambodgiens et qu'elles contribuèrent beaucoup à y faire conserver les textes siamois encore en usage maintenant.

Noroudam préférait la langue siamoise à la cambodgienne. Son père Angk-Duong préférait la langue de son pays, mais parlait mieux celle du Siam où il avait été si longtemps reçu ou retenu. Le roi actuel parle cambodgien, mais il aime à s'entretenir en siamois. Il y avait peu de fonctionnaires siamois au temps d'Angk-Duong, mais il y en avait beaucoup au commencement du règne de Noroudàm et la cour de ces deux souverains comptait un assez grand nombre de femmes, concubines ou danseuses, d'origine thaye. On conçoit facilement, dès qu'on connaît ces détails, que le théâtre cambodgien continue d'interpréter des pièces écrites en langue siamoise.

II

J'ai dit que les pièces du théâtre cambodgien ne provenaient pas du théâtre siamois mais d'un vieux fond cambodgien ancien que les Siamois avaient emprunté à l'ancien Moha-Nokor et que les Cambodgiens leur ont repris.

M. C. Knosp, qui n'est pas de cet avis, ajoute que cet art « se réclame de la

---

1. Le roi Srey Sauriyo-por, élevé au Siam, adopta, en 1604, la longue tunique jaune dite *au phay* des Siamois et décida que les dignitaires de tous rangs se vêtiraient de même et non plus selon la coutume de Lovék qui comportait la longue écharpe.

scène hindoue ». J'en suis convaincu, mais d'une scène hindoue dont les traditions chorégraphiques et chironomiques sont aujourd'hui oubliées dans l'Inde et qu'on peut retrouver légèrement modifiées à Java, à Sumatra et dans les Etats malais de la presqu'île de Malaca. Les danses sacrées aux Indes, celles des danseuses ou *dévanassi* qui dansent aux fêtes civiles ou privées les jours de mariage, celles qu'on rencontre par les rues ou qui dansent pour les étrangers soit à Lûknau, soit à Villenour près de Pondichéry, un peu partout, ne dansent point les pas que marchent les danseuses cambodgiennes; elles ne prennent pas les mêmes attitudes et n'avancent pas, ne reculent pas avec les pliements de chimpanzé qui nous étonnent si fort au Cambodge. La salutation à genou, les mains jointes à la paume mais ouvertes aux extrémités, en forme de vase, et portées au-dessus du front en un geste lent, gracieux mais étrange, — *l'anhdjali*, — n'est point le même au Cambodge qu'aux Indes actuelles, bien qu'il vienne de l'Inde ancienne.

Aux Indes, le théâtre est, depuis des siècles, beaucoup plus près du théâtre européen que du théâtre cambodgien d'aujourd'hui. *Sakountala*, la *Joie des Serpents*, le *Charriot de Terre cuite* sont des pièces que notre scène pourrait recevoir, qu'on a déjà tenté d'adapter aux exigences de notre art scénique et dont notre mentalité comprend les moindres détails. Or, ce théâtre ne rappelle en rien le théâtre cambodgien tel que nous l'avons sous les yeux.

Si donc, l'art chorégraphique que nous trouvons au Cambodge s'est inspiré du théâtre hindou, c'est non du théâtre hindou des derniers siècles, mais d'un théâtre beaucoup plus ancien dont il ne reste pas grand chose aujourd'hui aux Indes.

Les costumes que nous trouvons au Cambodge ne sont pas absolument inconnus dans la Péninsule hindoustane puisque j'ai trouvé à Lûknau des statuettes représentant des danseuses vêtues et coiffées à peu près comme les danseuses cambodgiennes, mais je crois qu'elles y sont considérées comme hiératiques et qu'elles rappellent un passé très éloigné qu'on ne peut plus dater.

Quoi qu'il en soit de l'époque à laquelle les Kambujas se sont inspirés du théâtre hindou pour créer le leur, — et cette époque peut remonter aux premiers temps de leur établissement définitif en Indochine, vers le sixième siècle, comme elle peut dater de l'époque où le pouvoir est sorti des mains des rois Varmans pour passer à la descendance du vieillard aux concombres succulents, l'ancêtre des rois actuels, — j'imagine qu'ils n'ont pas tardé à posséder un théâtre national, mais je crois que le théâtre suivait les transformations du théâtre hindou méridional et qu'il s'inspirait toujours des changements qui s'y faisaient.

Le Cambodge a, de très bonne heure, eu des lettrés, des savants, des littérateurs, voire même des métaphysiciens et des rhéteurs qui, tels que Subhadra et dame Tilaka surnommée la déesse de l'éloquence, leur fils Pûja-Çiva, jouissaient au xie siècle d'une grande renommée. On peut donc admettre que le Cambodge a possédé jadis des auteurs dramatiques. J'ai d'ailleurs vu, il y a une douzaine d'années, un fragment de *krâng* ou livre se développant comme un écran, dont le texte était si ancien que très peu de lettrés au Cambodge parvenaient à le lire. Il m'a paru être à la langue cambodgienne d'aujourd'hui, ce qu'est le français de Rabelais au français de notre époque. Il était contemporain à mon sens des inscriptions cambodgiennes du xiie siècle que M. Aymonier a déchiffrées. Or, ce livre était un fragment de pièces de théâtre qui, m'a dit un achar, était encore jouée aujourd'hui. Il prétendait y reconnaître une scène de la pièce qu'on pourrait intituler: *La séduction de la Reine Suvanna Méccha par Hanuman*.

J'ai, d'autre part, appris que certains manuscrits en langue cambodgienne contenaient des mots dont l'usage est aujourd'hui perdu et dont la langue, bien que cambodgienne, serait assez difficile à comprendre si on ne l'avait rajeunie au cours des temps. Il paraît aussi que beaucoup de pièces en siamois sont semées de mots cambodgiens dont l'usage est courant ici ou qui ont disparu de la langue khmère non seulement vulgaire mais lettrée contemporaine.

On remarque aussi, dans les manuscrits anciens, un plus grand nombre de mots d'origine sanscrite auxquels on a donné la forme pâlie que dans le langage spécial encore employé quand on parle au roi. C'est qu'à l'époque où ces ouvrages ont été écrits, le pâli était mieux connu qu'aujourd'hui, plus familier aux lettrés et qu'un nombre plus grand de mots savants faisait partie du langage courant de la bonne compagnie.[1]

Tout ce qui précède tend à démontrer que les pièces de théâtre dansées au Cambodge sont bien d'origine cambodgienne, non siamoise; et que si elles se réclament de l'Inde ce n'est pas de l'Inde moderne, ni même de l'Inde avant l'arrivée des Européens en Extrême-Orient, mais de l'Inde ancienne.

Elles se rapprochent bien davantage des pièces qui sont dansées dans les îles de la Malaisie, chez les radjas et les sultans de Java, de Sumatra et même des Célèbes. On a vu à Paris, à l'Exposition Universelle de 1889, je crois, des danseuses javanaises danser des pièces qui rappelaient beaucoup celles qu'on danse au Cambodge et au Siam, dans des costumes et avec de *mukutas* ou diadèmes qui sont traditionnellement ceux du Cambodge, plus ou moins modifiés, mais très reconnaissables par l'ensemble. La fantaisie seule a modifié les ornements et les échancrures des parties.

Dans tout le Laos, à Luâng-Prabàng aujourd'hui, à Vieng-Chant au temps où Géraerd Van Wustorf s'y trouvait (1642), les danses que nous étudions ici étaient interprétées par des danseuses laotiennes, et il est probable que c'étaient les mêmes pièces qu'on y jouait. Au Champa, avant la conversion des Cham à la religion de Mahomet et peut-être après, il y avait de nombreuses danseuses et des corps de ballets à la cour des rois, et peut-être des princes. L'un de ces corps de danses tomba au xive siècle aux mains des Annamites après la prise de la capitale.

Il résulte de tout cela que l'art théâtral au Cambodge et au Siam, après s'être inspiré de l'art théâtral de l'Inde ancienne est devenu non un art siamois, ainsi que le dit M. G. Knosp, mais un art indochinois de civilisation arienne.

Je ne connais pas les danses annamites que danse un corps de danseuses du roi de Hûé, mais je ne serais pas surpris d'apprendre qu'elles font penser aux danses siamo-cambodgienne et qu'elles paraissent avoir été inspirées par celles des Champas. On m'a dit qu'elles ne sont pas d'origine chinoise.

III

Les pièces de théâtre, qui sont surtout dansées et un peu chantées au Cambodge, diffèrent entre elles beaucoup plus que ne le croient et que le disent ceux qu'elles ont amusés et non intéressés. Mais comme il est assez difficile, quand on n'en a pas fait une étude spéciale, de comprendre les pantomimes en Europe et d'en saisir tous les jeux de scène, il n'est pas facile aux Européens de comprendre au Cambodge les pas, les marches, les danses et la mimique toute de convention et traditionnelle des danses cambodgiennes. « C'est toujours la même chose », dit-on « et quand on a vu cela deux fois on en a assez ». Et non, ce n'est pas la même chose, mais il faut vouloir comprendre et chercher à comprendre. Tout le peuple indigène qui est là, alors même qu'on ne chante pas, comprend très bien ce qui se

---

1. On sait que le pâli est au cambodgien ce que le français est à l'anglais.

passe devant ses yeux, suit avec une grande attention les gestes, les mouvements, les jeux de scène, et cela pendant trois, quatre et cinq heures sans donner un signe d'impatience. C'est donc qu'il y a quelque chose dans ces danses et dans cette mimique, et quelque chose de très intéressant?

J'en veux donner un exemple.

Il y a deux ou trois ans, un corps de danseuses du roi donnait une représentation sous un hangar de fortune construit au pied du petit tertre (*phnôm*) au sommet duquel est élevé le *chétiya* de Phnôm-Pénh. Le sujet de la pièce qu'on dansait était l'un des plus intéressants qu'on puisse imaginer.

Un prince hindou, vêtu de ses plus beaux atours, — culotte, pourpoint en brocart

Prince indien.   Roi des négritos indigènes ou yaksa.   Un chef négrito.

lamé d'or, la tête ornée du *mukuta* à pointe élevée, — venant de Bénarès, débarque avec sa femme, sa sœur et des suivantes sur un point du littoral indochinois, à une époque où le pays n'était encore habité que par des négritos aux cheveux frisés mais déjà quelque peu civilisés et gouvernés par un roi. Le prince hindou, sa femme, sa sœur et les suivantes se promènent dans la forêt, admirent le pays et le prince décide de s'y établir. Le roi indigène les a vus, il approche, les surveille, d'abord inquiet, puis enthousiasmé de la beauté de la jeune fille. Quand le prince et sa famille retournent sur leurs pas, il les suit de loin, observe tous leurs mouvements, et, quand ils s'arrêtent, il cherche à mieux voir la sœur du prince qui est assis entre les deux femmes également assises auxquelles il mime des paroles que les chanteuses répètent après la souffleuse[1]. A ce jeu, le roi indigène s'éprend d'amour pour la fille, la désire et la veut enlever.

Il appelle ses gens, leur montre de loin l'objet de sa passion et commence l'attaque. C'est la bataille tumultueuse représentée par quatre guerriers (des femmes) qui, d'un côté comme de l'autre, luttent avec des arcs, des lances courtes et des sabres. Six fois le roi toujours vaincu revient à la charge et, finalement, provoque le prince lui-même. Celui-ci descend du lit bas où il est assis et c'est le combat singulier d'un prince étranger contre un roi aborigène.

---

1. Au théâtre cambodgien, la souffleuse est une véritable hurleuse.

Enfin, on fait la paix ; le roi déclare son amour, la princesse le repousse avec indignation parce que ce roi est un négrito et qu'entre sa race à elle et sa race à lui, il ne peut pas y avoir d'alliance. Le prince qui voudrait obtenir un coin de territoire pour s'établir, consent à donner sa sœur au roi, et la sœur désespérée descend du lit où elle est assise et met en pleurant sa main dans celle du roi négrito. Alors celui-ci, amoureux, très agité par le feu d'amour qui le consume, par la joie dont il est animé, l'entraîne rapidement. C'est le premier acte.

Au second, la princesse s'est enfuie de la maison de son époux et s'est réfugiée chez son frère. Le roi négrito la cherche, la trouve, la réclame. Le prince la lui refuse et la guerre se rallume entre les étrangers et les indigènes. Le roi est encore vaincu, mais cette fois son pays lui est pris ; il est soumis. On ne lui rend pas son épouse, on lui en donne une autre de la race des vainqueurs mais d'un rang moins élevé et il salue comme saluent les rois vaincus, très bas, très humilié.

N'est-ce pas l'histoire de la conquête d'un territoire appartenant à des semi-primitifs par un prince plus civilisé, l'histoire de la création d'une colonie hindoue sur la côte indochinoise et de ce qui s'est passé jadis entre les négociants ou les chefs d'aventuriers hindous et les aborigènes du Cambodge, qu'ils nommaient nagas.

Dans cette pièce, les danses étaient assez caractéristiques, les jeux de scènes assez bien indiqués et l'action se déroulait très logiquement. On pouvait tout saisir, tout comprendre et deviner le grand drame qui se dansait, qui se mimait, qui se déroulait sous les yeux du public. Les indigènes suivaient l'action avec une grande attention. Quant aux Européens, ils ne comprenaient point, ne voyaient que des pas trop lents pour leur plaire, que des marches trop semblables à elles mêmes pour retenir leur attention, que des mimiques trop puériles pour les intéresser. Alors, ils s'en allaient sans chercher à savoir ce que tout ce mouvement signifiait.

IV

J'ai sous les yeux plusieurs résumés de pièces. Ils sont tous intéressants. C'est l'histoire d'Énao qui aime la princesse Bosséba et la surprend dans un temple, la prend dans ses bras d'où elle veut s'échapper. Il intéresse la nourrice à ses affaires, obtient la princesse et l'épouse.

C'est le prince Samouth [1] qui fuit du royaume gouverné par son père adoptif Kanuréach (Kanurâja) pour se rendre au pays de la princesse Vimana-Chanta, à l'heure même où la princesse rêve qu'un amant qu'elle ne connaît point lui a remis une bague. A son réveil, elle pleure parce qu'elle ne trouve pas cette bague. Son père, voyant son chagrin, fait chercher une bague semblable à celle vue en rêve. Le prince Samouth qui possède une baguette magique, produit la bague désirée, se fait conduire près de la princesse qui, reconnaissant la bague dont elle a rêvé, tombe amoureuse du prince qui la lui offre et lui ouvre sa porte la nuit. Le prince Samouth est découvert, arrêté le lendemain ; la fille intervient, le sauve et obtient de son père qu'on le lui donnera pour époux.

Voici maintenant Hanuman, roi des singes, qui séduit la reine des sirènes qui ont, en partie, détruit le pont qu'il a construit entre l'Inde et Langka (Ceylan) pour que l'armée de Rama put aller combattre le roi Ravana-dix-têtes. Alors c'est une série de ballets, luttes des singes noirs contre les singes blancs, à propos des fruits qu'ils prennent aux arbres de la forêt, promenade des nymphes sous les grands

---

1. Peut être Samutha, Sumatra.

arbres, danse des éventails par vingt danseuses qui représentent les bienheureuses du paradis d'Indra, vol d'un garuda (ou faucon destructeur des serpents) que monte un roi, etc., etc.

A côté de ces pièces de théâtre qui durent quatre heures, il en est d'autres qui durent quatre jours, c'est-à-dire huit séances, chacune de quatre heures. J'ai vu jouer à Kratié, sous le marché, le *Réam-Kêr* (*Ramayana*) en sept séances dont la dernière a duré six heures. La foule était compacte, mangeait sur lieu ; les femmes avaient apporté leurs nourrissons, les allaitaient sans quitter leur place, les couchaient à terre sur une écharpe et les éventaient. Presque toutes avaient retiré leur tunique parce qu'il faisait très chaud et roulé autour de leur corps leur écharpe très lâche, transpiraient à grosses gouttes, mais ne s'en allaient pas avant la fin de la séance.

Une petite pièce, qui fut jouée le lendemain du dernier acte, représentait un prince amoureux d'une des suivantes de sa femme, le désespoir de celle-ci, le guet qu'elle faisait autour des coupables, ses supplications et finalement sa fuite dans la forêt où elle se pendit à une branche d'arbre à l'aide de son écharpe attachée à une corde que ses suivantes, sensément dans la coulisse et que conventionnellement on ne devait pas voir, tiraient devant le public. Un trait réaliste attira mon attention : de la bouche entr'ouverte de la pendue sortait sa langue et coulait le jus d'une chique de bétel qui ressemblait à du sang.

V.

A côté de ces œuvres théâtrales qui peuvent remonter très loin et qui paraissent ne pouvoir être que dansées et chantées, il en est d'autres qui sont écrites comme nos pièces ou plutôt comme les pièces de théâtre indien que nous connaissons et qu'on fait remonter au viiie siècle. Il en est qui rappellent *Sakountala*, le *Charriot de Terre cuite*, et qui, bien que dansées, mimées et chantées actuellement pourraient être interprétées à notre manière. Telle est par exemple une pièce intitulée *Préah Léak-Sénavongs* dont voici la sixième partie :

(Cet acte comporte trois personnages : le jeune Léak-Sénavongs, le brahme professeur dit le vieux maha-rishi (Ta-maha-rusey) et demoiselle Kessa).

Léak-Sénavongs (au Maha-rusey). — Je m'incline et me prosterne à vos saints pieds. Je veux vous raconter mon histoire. Je viens du royaume de Bénarès. Je suis séparé de mes parents et maintenant je suis seul et sans appui. Je souffrais d'être seul et je me suis mis à la recherche de ma mère. Ayant couru tous les pays sans parvenir à la trouver, je suis devenu si triste, si misérable que j'ai presque atteint ma dernière heure. Je souffre très fort de la poitrine et je ne puis plus supporter mes douleurs. O saint professeur, je suis seul et orphelin, et je suis heureux de vous rencontrer. Vous êtes mon sauveur. Je me prosterne à vos pieds et je vous demande de vous consacrer ma vie. Je m'engage à demeurer toujours votre élève si vous voulez me prendre avec vous. Je veux apprendre toutes les sciences de votre bouche, toute la sagesse des satras et je vous prie de me donner des leçons.

Ta-Maha-Rusey (à part lui). — Je suis professeur des choses sacrées depuis longtemps et je suis content, très content de voir ce jeune homme et je dis (*haut*) : « Hé, mon petit, vous pouvez rester avec moi si vous le désirez » (*A part lui*) : Je pense et je prévois que cet enfant sera nécessairement le mari de ma petite demoiselle Kessa. Aussi vais-je les mettre habiter ensemble. (*S'adressant au jeune homme*) : — Je suis devin, je connais le passé, le présent et l'avenir et je suis tout prêt, jeune homme, à vous apprendre ce que je sais sur vos parents. Votre père était entre les mains d'un ogre, et cet ogre avait attaché votre mère dans l'intention de lui couper le cou. Heureusement le bonheur a voulu que sa vie fut encore con-

Le Maha-Rusey.

servée. Votre père est maintenant en marche dans les bois et vous cherche par tout sans jamais dormir. Un ogre Hên a enlevé votre mère et il l'a conduite dans le royaume de Yora. Elle pleure et gémit sans cesse. Un jour viendra où vous rejoindrez votre famille. Ô mon petit garçon, ne pleurez plus. Allons, venez avec moi, je vous apprendrai toutes les sciences divines et après vous pourrez vous remettre à la recherche de votre mère. (*S'adressant à Kessa*) : Kessa, ma petite fille, il faudra que vous soyiez bien sage maintenant que je vous donne un compagnon. Tâchez de l'aimer, ce jeune garçon, comme vous vous aimez vous-même, afin que s'il arrive un jour malheur à l'un de vous, celui-là puisse compter sur l'autre. Surtout conservez un cœur pur comme si vous étiez les enfants d'une même mère et d'un même père. — (*A part lui*) : Maintenant que je leur ai donné mes instructions, je vais leur partager les fruits que j'ai rapportés de la forêt et je les nourrirai tous les jours, ces deux jeunes enfants. De plus j'enseignerai à ce jeune homme toutes les sciences sacrées (*Il sort*).

―――

Léak-Sénavongs. — Je reçois depuis longtemps les leçons et les souhaits de bonheur que forme mon grand-père, mais voici la nuit qui vient. — (*Les deux jeunes gens rentrent dans la maison du Moha-Rusey. — Le jeune homme reprend*) : J'apprends toujours bien les leçons que mon maître me donne à apprendre, particulièrement celle qui enseigne comment il faut faire pour devenir invisible et éviter ainsi toutes sortes de dangers. J'ai appris toutes les sciences par cœur et je me souviens de tout ce que j'ai appris.

Maha Rusey, (à part et marchant au fond de la scène). — Je suis très content de donner, dans mon sala, des leçons au jeune Léak-Sênavongs. Mais il y a quelques jours comme je me suis aperçu qu'il n'y avait plus de fruits dans la maison, je suis sorti dans la montagne couverte de forêts. Je suis tranquille, parce que j'ai recommandé à mes deux petits enfants de rester à la maison et de la bien garder. J'ai dit à Léak-Sênavongs : « Il faut étudier, mon enfant, et ne pas vous amuser ; il ne faut pas être paresseux ». Je suis sorti après avoir ainsi parlé et me voici qui vais, chargé de mon bisac et m'appuyant sur mon bâton, dans la direction des grandes forêts.

Léak-Sênavongs. — Je suis plus tranquille maintenant, mes chagrins sont diminués. J'écoute ce que me dit mon grand-père. Je ne sors jamais de la maison et je m'applique à apprendre toujours. Je fais tout ce que je puis pour lui plaire et pour n'être pas paresseux.

Néang Kessa s'adressant à son frère de sa voix la plus douce. — Vous étudiez trop, mon bon frère. Reposez-vous donc au moins un moment et accompagnez-moi à la promenade, afin que nous puissions nous divertir ensemble pendant que notre grand-père est sorti. Lorsqu'il fera moins chaud, vous retournerez étudier vos leçons.

Léak-Sênavongs (à part) — J'entends bien les paroles de ma petite sœur, mais je ne veux pas les écouter parce que je ne veux pas sortir. Je préfère continuer mes études. *(Haut)* Je ne veux pas sortir avec vous, petite Kessa, parce que je dédaignerais mes leçons, parce que le grand-père va bientôt revenir et parce qu'il faut que je sache mes leçons quand il reviendra. Si je ne les savais pas, il me punirait sévèrement et ne dirait plus ce qu'il dit de moi : « Ce jeune homme étudie sans jamais interrompre ses études ».

Néang Kessa (très triste et s'adressant à son frère). — Jusqu'à quand étudierez-vous ainsi. Voici la nuit qui vient et nous ne pourrons bientôt plus nous amuser ensemble.

Léak-Sênavongs (à part). — Je fais semblant de ne pas écouter et d'être absorbé par mes études.

Néang Kessa (à part). — Je ne suis pas contente de mon frère parce qu'il ne veut pas venir promener avec moi. Il ne m'écoute pas, je vais m'approcher tout doucement de lui par derrière et je vais crier pour lui faire peur. *(Elle s'approche de son frère et pousse un grand cri en se penchant à son oreille. Il ne bronche pas).*

Léak-Sênavongs (à part). — J'ai bien vu la jeune Kessa qui s'approchait de moi, j'ai bien entendu son cri retentir à mes oreilles et maintenant je vais faire semblant d'être en colère. Je me mets debout et je dis avec une grosse voix. — *(S'adressant à Néang Kessa)* : Attendez un peu, jeune Kessa, que le grand-père soit de retour et je lui dirai ce que vous m'avez fait afin qu'il vous corrige. Ah ! vous venez crier à mes oreilles pour m'empêcher d'étudier !

Néang Kessa. — Ah ! vous ne voulez pas venir promener avec moi. Eh bien ! parlez au grand-père, dites-lui ce que j'ai fait. Je pense bien qu'il ne voudra pas me battre. *(Elle pleure).*

Léak-Sênavongs (à part). — En voyant ma jeune sœur qui gémit et qui pleure, je me mets à rire très fort et à la caresser en lui frottant le dos *(Il lui caresse le dos avec la paume de la main. S'adressant à elle).* — Tu veux, petite sœur, que je ne prévienne pas le grand-père. Eh bien ! je ne lui dirai rien, mais alors, il faut que tu m'offres des cadeaux. Les dourians sont mûrs, donne-m'en un et je te pardonnerai ta faute. Tu peux, si tu veux, ajouter au dourian quelques mangues bien bonnes.

Alors je me tairai et le grand-père n'enlèvera pas de ton dos quelques lambeaux de chair avec son rotin. (*A part*) Ayant ainsi parlé à ma sœur, je prends sa main et nous sortons de la salle d'études. (*Il entraîne la jeune fille dehors. A Kessa*). Nous voici dans la cour, il fait nuit, j'ai peur, laisse ma main et passe devant moi ; j'ai peur du diable et des fantômes. Tenez, Kessa, regardez là-bas, ne voyez-vous pas un fantôme tout noir qui nous regarde terriblement.

Néang Kessa. — Qu'ai-je entendu, mon frère, vous parlez de fantôme. J'ai peur et je m'enfuis à la maison. (*Elle s'enfuit*).

Le Maha-Rusey (*à part lui au fond de la scène et en s'approchant*). — J'ai recueilli les fruits nécessaires à la nourriture de ces enfants et je rapporte mon bisac à la maison. Je suis arrivé et je pose mon bisac à terre, je choisis les fruits mûrs, je les partage entre mes enfants et je dis au jeune garçon : (*s'adressant à Léak-Sènavongs*) Eh ! mon petit garçon, avez-vous bien appris vos leçons ?

Léak-Sénavongs (*à part*). — Je me prosterne et je réponds à mon grand-père ces paroles (*S'adressant au Maha-Rusey*). J'ai bien étudié mes leçons sans sortir du sala. (*A part lui*) Voici la nuit venue et voici le grand-père qui va m'initier encore aux sciences sacrées. Il a commencé par m'apprendre le moyen de changer de corps humain, il m'apprend à tirer habilement de l'arc avec des flèches qui détruisent tous les ennemis. Me voici arrivé à la fin de mes études, sain et sauf, et nul ne peut rivaliser de savoir avec moi.

Le Maha-Rusey (*à part lui*). — Je suis très content de ce jeune garçon. Il a bien étudié et je vais lui faire cadeau d'un arc et d'une épée magiques.

Léak-Sénavongs (*à part lui*). — Autrefois j'étais heureux avec mon grand-père et j'étudiais avec joie les livres sacrés qu'il me confiait et j'ambitionnais l'arc et l'épée sacrés qu'il m'a promis. Et pourtant, lorsque j'étais couché, mon bras sur mon front, je songeais à ma mère. J'ai pleuré, j'ai gémi. Maintenant je suis languissant parce que j'ai trop pensé à ma mère qui chaque jour me désire et me pleure à l'heure du repas, à l'heure du bain, toujours, sans cesse, à en être malade. Je souffre trop de savoir qu'elle souffre et ma tête est ravagée par les souvenirs et les craintes qui y roulent, car je sais qu'elle espère mon retour. Il faut donc que je parte et qu'armé de mon arc et de mon épée magiques j'aille affronter les ogres et les tuer afin d'arriver jusqu'à elle. Je pleure et des larmes coulent de mes yeux et mouillent ma figure, (*il sanglote*) et mes chagrins, hélas ! n'empêchent pas les oiseaux de chanter.

(*Il s'adresse au Maha-Rusey qui vient de sortir de la maison et lui répète à peu près ce qui précède. Il s'agenouille, pleure et le Maha-Rusey dit :*

Le Maha-Rusey (*à part*). — Puisque j'ai entendu la demande de ce jeune homme, je vais lui répondre de suite : (*haut*) — Puisque vous désirez aller à la recherche de votre mère, je suis très content et je ne veux pas m'opposer à votre départ. Mais je suis bien ennuyé de vous voir partir, car, si jeune encore, vous allez vous trouver exposé à de très grands dangers, alors que vous ne connaissez pas encore l'art de la guerre, etc., etc. Voici un arc sacré, voici une épée enchantée et voici un cheval magique que j'ai produit d'un morceau de cire modelé par mes mains. Il sera votre compagnon et vous aidera beaucoup. Allez maintenant vers la victoire. Surtout ne vous séparez jamais de vos armes ni de votre cheval ; que le jour et la nuit, ils soient près de vous et vous touchent afin qu'on ne puisse pas vous dépouiller d'eux, car si vous perdez vos armes, vous perdrez votre corps. Si vous suivez bien mes conseils, vous parviendrez au royaume de Bénarès et, ayan vaincu les ogres, vous en deviendrez le roi.

Léak-Sénavongs se prosterne au pied du Maha-Rusey, le salue humblement et pleure de chagrin car il doit se séparer de lui, puis il va informer Néang Kessa de son départ, lui en dit les motifs, pleure et comme elle pleure, il lui caresse le dos avec la main.

Je ne veux pas reproduire toute la pièce, si intéressante qu'elle soit, mais la résumer rapidement. Avant, je veux cependant montrer comment ce qui précède est représenté par la danse et raconté par les chanteuses.

Tout d'abord, le Maha-Rusey, bien qu'il s'agisse d'un brahmane qui devrait porter le costume des anciens brahmes et la houppe ou *jati* des ascètes, est vêtu en religieux budhiste, ce qui est peut-être un anachronisme ; en retour il est coiffé d'une sorte de tiare qui rappelle un peu celle des Parsis traditionnistes de Bombay.

Léak-Sénavongs est vêtu du beau costume en brocart lamé d'or et coiffé du mukuta d'or à haute flèche.

Méang Kessa est vêtue et coiffée comme toutes les princesses dont je donne le costume ci-contre.

Lorsque Léak-Sénavongs entre en scène, le Maha-Rusey ou « grand pénitent », ou Ta-Maha-Rusey, « le vieux grand pénitent », autrement dire l'ascète, est assis sur un lit (sorte de table haute de 50 centimètres, longue de 2 mètres et large de 70 centimètres environ) et semble méditer. Ses jambes sont croisées comme celles des tailleurs et ses mains sont posées l'une sur l'autre, la paume en dessus.

Léak-Sénavongs entre par la porte qui est à droite derrière l'ascète et danse une marche dont les pas pressés simulent la rapidité, mais sans avancer beaucoup. Il regarde autour de lui, balance sa tête d'une épaule à l'autre et marche en cadence au bruit de la musique qui a commencé dès que le Maha-Rusey a pris place sur le lit.

Parvenu au milieu de la salle, il s'arrête, fait face à la tribune du roi du Cam-

1re position.

2^e position.

3^e position.

L'anhdjali ou grande salutation.

bodge et s'agenouille, puis, alors que la musique entonne le chant de l'adoration rituelle, il fait l'anhdjali, qui est la grande et respectueuse salutation des anciens,

PLANCHE I.

EN SCÈNE

Entrée d'un prince sur la scène.

Marche d'un prince.

Marche d'un prince.

Marche d'un prince.

Sortie d'une princesse.

Marche d'un prince.

PLANCHE II.

La marche d'un prince.   La marche d'une princesse dite qui vole.   Marche d'une princesse.

Marche de la princesse se rendant aux bains.   Une princesse sortant du bain.   Rhabillage d'une princesse.   La prise des bijoux.

PLANCHE III.

Princesse assise parlant à ses suivantes.   Prince et princesse flirtant.

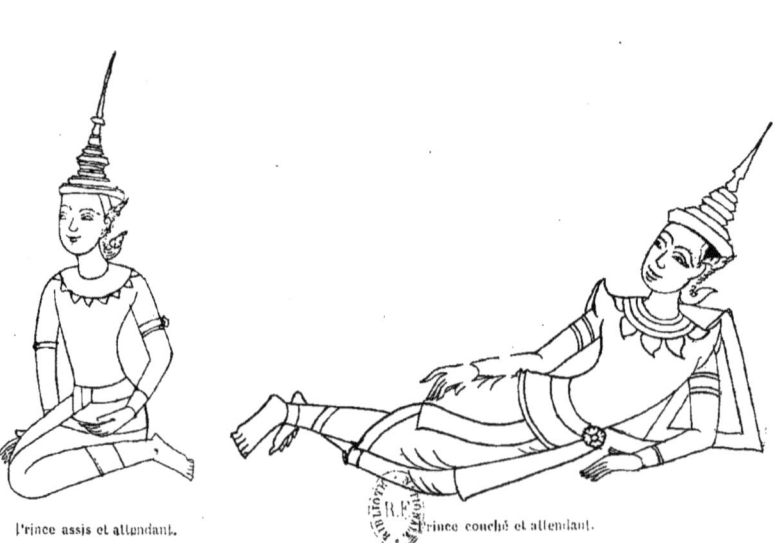

Prince assis et attendant.   Prince couché et attendant.

PLANCHE IV.

ឲ្យវិសម្ភូ
Le roi Dix-Têtes
ou Kroung Tosamoukh.

សូបនាខា
Saubanakha.

ឲ្យង់ខា
Kroung Kha.

កុំភការ
Koum-Phouka.

រីខាឌសី
Rikhadasey.

វីរុលចំបាំង
Virul-Châmbang.

ឥន្ទជិត
Eintochit.

វីរាប
Véréap.

ពិភេក
Piphèk.

ត្រីសេរ
Trey-sér
ou Trois-pointes (têtes).

assis sur ses talons, le tronc bien droit, la tête haute alors que, par des secousses son corps marque la cadence. Il amène très lentement ses deux mains ouvertes sur ses cuisses, puis les élève devant sa poitrine avec la même lenteur, les rapproche, les joint par les doigts, puis, à mesure qu'elles s'élèvent, par la paume. Parvenus à la hauteur du front, alors qu'elles s'élèvent encore, les groupes de

4ᵉ position.   5ᵉ position.

L'anhdjali ou grande salutation.

doigts s'écartent et les paumes restent jointes, la tête s'incline respectueusement, le corps à peine.

Cette salutation faite au roi, la pièce commence. Léak-Sênavongs est debout. La musique reprend la marche déjà jouée et le jeune homme s'avance lentement vers le Maha-Rusey. Les chanteuses battent la mesure avec deux lattes de bambou. A deux pas du Maha-Rusey, Léak-Sênavongs s'arrête, tombe à genoux, salue le maître par un anhdjali beaucoup plus simple que celui que je viens de décrire, se relève et, alors que la musique se tait, commence à mimer le récit avec des mouvements de bras, de mains, de corps et de poses étranges. Pendant ce temps, la souffleuse hurle les paroles que répètent les chanteuses sur un air mélancolique qui ne varie guère.

Maintenant, c'est au tour du Maha-Rusey. Assis sur le lit, il mime sa réplique, ses *a-parte* et, pendant qu'il parle, le jeune homme semble vaguement écouter, ne remue pas, attend son tour de parole. Je crois qu'il n'en était pas ainsi autrefois et qu'il devait aussi mimer sa satisfaction pendant que le maître parlait et que cette danse, car il s'agit aussi bien d'une danse que d'une mimique, était beaucoup plus actionnée. La souffleuse et les chanteuses disent le texte pendant que le Maha-Rusey mime son rôle.

Vers la fin de la réplique, néang Kessa entre sur la scène par la porte de droite, celle par laquelle est venue Léak-Sênavongs, marche du même pas qu'il avait tout à l'heure, mais avec des mouvements de tête et de jambes conventionnellement plus gracieux, plus souples. Elle remue les jambes, les épaules, les bras et avance de cette même démarche de chimpanzé qui étonne et bouleverse grandement nos idées sur l'esthétique. Elle est gracieuse pourtant, parce que son corps est souple, parce que ces mouvements contenus par la cadence sont maniérés et si lents, si bien dessinés que cela plaît en étonnant.

Le maître s'adresse à néang Kessa. Elle regarde le jeune homme qui va vivre avec elle comme son frère ; lui s'approche d'elle, lui prend la main ; elle fait des manières, balance sa tête d'une épaule à l'autre. Ce qui ne plaît pas, à ce moment surtout et de même pendant les danses, c'est l'immobilité des traits, c'est l'impassibilité du visage, c'est le sans expression de ces faces de marbre.

Quand le Maha-Rusey cesse de parler aux deux enfants et cause en *a-parte*, raconte qu'il va dans la forêt chercher des fruits, ceux-ci demeurent l'un près de l'autre, se regardant, faisant des manières comme s'ils causaient. La musique joue une marche, les chanteuses battent les lattes de bambou. Le Maha-Rusey fait lentement le tour de la scène, marchant comme un vieil homme, appuyé sur son bâton aussi haut que lui, et, traînant un peu les pieds, se dirige en cadence vers la porte de gauche. Il est entendu qu'il va dans la forêt. Derrière lui à quatre pas, afin de montrer qu'il ne suit pas la même direction, qu'il ne va pas au même endroit, Léak-Sênavongs marche un autre pas, puis derrière lui vient néang Kessa qui s'efforce de faire exactement les mêmes mouvements de bras, de pieds et de tête, celui-ci, plus accentué que celui de son compagnon. Ils sortent par la porte de gauche, mais il est entendu qu'ils rentrent dans la case du maître.

Alors que le maître reste un instant derrière la scène, Léak-Sênavongs reparaît à la porte de droite, s'avance vers le centre de la scène d'un pas assez rapide, plus naturel et mime un *a-parte*.

Le maître paraît à la même porte à son tour et, du même pas que celui qu'il avait pour s'en aller, il se promène à l'autre bout de la scène. Néang Kessa paraît à son tour, touche l'épaule de son frère avec le bout de l'index et lui reproche de trop travailler, le prie de venir promener.

Quand son frère refuse de quitter sa besogne, accroupie à terre et pendant que les chanteuses parlent pour elle et battent la mesure, elle pleure en cadence, secouant les épaules, balançant sa tête qui est très inclinée, la main au front comme pour cacher les yeux, en fait pour soutenir le diadème dont sa tête est coiffée et qu'on n'a pu fixer à ses cheveux [1]. Elle pleure et le jeune homme cherche à la consoler, lui caresse le dos, la prend par la main, mais en évitant de la prendre par la taille parce que ce geste n'est permis qu'à l'amant, au fiancé, au mari. La danse est gracieuse quoique étrange, mais la mimique cadencée n'est malheureusement point exacte, ne correspond ni aux paroles, ni aux sentiments que les chanteuses expriment ou qu'elles devraient exprimer. Dans cet étrange théâtre, il arrive souvent que les chanteuses, alors qu'elles devraient dire les rôles, se taisent et que la mimique dansée continue seule. Alors, à mon sens et à celui des Cambodgiens lettrés, quand on ne connaît pas très bien la pièce, il est difficile de la comprendre. La mimique n'est pas assez expressive, assez exacte. — C'est bien malheureux parce que le texte, lui, est très expressif, très vivant quoiqu'un peu naïf.

Voilà pour la partie que j'ai traduite, et donnée ci-dessus. Voici maintenant l'abrégé de ce qui suit cette partie :

Quand le jeune homme a annoncé son départ, dit qu'il doit partir pour aller

---

[1]. Ceux-ci sont en effet postiches et posés sur les cheveux naturels taillés en brosse. Le diadème, fixé seulement par une ficelle qui passe sous le menton, ne tiendrait pas sur la tête, s'il n'était soutenu, avec la main, alors qu'elle est inclinée et se balance.

retrouver sa mère, quand il a donné des conseils à sa sœur qu'il aime bien, à laquelle il ne cessera point de penser, néang Kessa lui dit :

— Oh ! mon frère, vous allez partir et me laisser toute seule. Nous étions si heureux d'être toujours ensemble, nous jouneyons tous les deux, nous chantions des chansons puériles et nous allions ensemble cueillir des fleurs dans la forêt. Le soir venu, nous allions nous baigner et nous nagions tous les deux l'un à côté de l'autre. Nous prenions de l'argile et nous faisions ensemble des statuettes de dévas. Dans la forêt nous nous disputions en riant les fruits tombés et nous courions pour les prendre l'un avant l'autre. Oh ! à partir d'aujourd'hui, qui restera avec moi, qui viendra promener avec moi..... Vous n'avez pas pitié de votre sœur..... Vous avez pénétré dans mon cœur par votre douce parole et maintenant vous m'abandonnez, vous manquez à vos douces paroles et vous partez, me laissant avec mon chagrin. Emmenez-moi.... Non, il ne fallait pas me dire que vous m'aimiez ; alors, je ne vous aurais pas aimé et je ne serais pas malheureuse aujourd'hui.

Une des choses les plus curieuses de la scène cambodgienne, c'est un cavalier. Dans le théâtre chinois et dans le théâtre annamite, l'acteur qui veut indiquer qu'il est à cheval, lève une jambe et tourne sur lui-même. Dans le théâtre cambodgien, Léak-Sénavongs est précédé d'un homme coiffé d'un cou surmonté d'une tête de cheval ; il le tient par la ceinture et cet homme frappe des pieds et fait des bras le simulacre de marcher comme marche un cheval. Parfois, le cheval parle au maître, le protège des coups qu'on veut lui porter, le conseille et lui fait éviter les pièges qu'on lui tend. Dans la pièce qui nous occupe, Léak-Sénavongs est dans la forêt, fatigué, désespéré ; son cheval le réconforte et des singes accourent, — femmes dont la tête est couverte de masques de singes au visage bleu, mufle blanc, petites oreilles et cheveux courts et durs. Ils lui remettent l'écharpe que sa mère, entraînée par l'ogre ravisseur, leur a confiée pour que son fils ait confiance en eux quand il viendra à sa recherche et pour qu'ils le suive quand ils s'offriront pour le guider. Les singes ont une queue qui tombe jusqu'à terre. Ils accompagnent Léak-Sénavongs en gesticulant, gambadant autour de lui et le conduisent à sa mère.

Sa mère en croupe, Léak-Sénavongs prend le chemin du retour. Il est poursuivi par les ogres ou yaksas ; il dépose sa mère dans une ruine, l'invite à n'en pas sortir et marche au devant des ennemis. Le roi des ogres arrive sur la scène et raconte l'enlèvement de sa femme alors qu'il dormait dans son palais. Léak-Sénavong avant de partir lui a écrit ; il lit sa lettre qui est une provocation. Un instant plus tard, c'est le combat précédé d'injures, de menaces, de bravades. Les deux combattants tiennent leur arc de la main gauche, y mettent une flèche que les doigts de la même main retiennent, tirent la corde et la flèche bascule et se place le long de la corde où l'on ne la distingue plus ; elle a disparu, elle est tirée.

Quand la lutte est à pied, et que les adversaires combattent avec le sabre, corps à corps, les armes s'entre-choquent, le blessé chancelle, revient à la charge, est de nouveau blessé. Le vainqueur lui met le pied sur la cuisse et tous deux se balancent. Parfois, le triomphateur s'élance et reste debout sur la cuisse, une jambe relevée et pliée en arrière, maintenu à la ceinture par le vaincu. C'est la défaite de l'ennemi, la victoire définitive de l'un d'eux. Si les combattants sont nombreux et continuent de combattre, le triomphe n'est que partiel : c'est un épisode.

Vient ensuite la série des actes de magie où les armes produisent le vent qui broie tout et que simule une mousseline qu'on agite, l'orage, les pluies diluviennes qui sortent de la bouche de deux ou trois figurants hommes, le feu qui est représenté par du papier de soie qu'on enflamme et qu'on jette devant soi.

Indra intervient parfois, derrière un acteur homme coiffé de trois têtes d'éléphants et qui représente la monture du roi du ciel. Il aide le jeune prince et lui donne la victoire, car aux prodiges que produit Léak-Sênavongs, l'ogre répond par des prodiges non moins terribles. Le roi des ogres est tué, son royaume tombe entre les mains du vainqueur, et les mandarins, les ministres, les femmes de la cour viennent faire leur soumission et lui remettre le pouvoir suprême.

Peéah Lăkkhănăh combattant Eyntochit.

Alors c'est le triomphe : des théories de femmes, d'ogres, d'hommes défilent en dansant des marches lentes aux sons bizarres de la musique khmère, et en mesure des lattes de bambou que les chanteuses battent en cadence. Le défilé est curieux, les gestes d'ensemble, les pas contenus, les mouvements semblables, et cela ne manque pas d'un certain grandiose. Les conques sacrées annoncent l'arrivée du roi et le défilé continue. Le roi paraît entouré de sa garde royale toute habillée de brocart d'or et armée de sabres, puis des femmes gracieuses, élégantes et dont la marche est rituelle et souple, paraissent. Léak-Sênavongs, vêtu d'un habit de brocart lamé d'argent est superbe, sa mère est splendide. Ils marchent l'un près de l'autre de cette marche gracieuse, plus souple encore que celle des femmes de la garde, grave chez le prince, extrêmement mignonne chez la mère presque séduisante.

Maintenant voilà Léak-Sênavongs sur le trône. Il médite et songe à néang Kessa qui l'attend, qui pleure car elle doit craindre de ne plus le revoir. Alors ces idées qu'il « roule en sa tête » et les battements de son cœur assiègent si fort le roi qu'il décide de l'aller chercher. Cette méditation a lieu sur le lit royal et pendant que les chanteuses hurlent ses pensées, Léak-Sênavongs les mime par des attitudes, par des jeux de bras et de mains, par des mouvements cadencés de tête, et tout cela, dans son étrangeté, est curieux au possible quand on connaît le sujet de la pièce et ses développements. Mais hélas ! il faudrait en connaître le livret, et nul parmi les Européens ne le connaît. Les indigènes seuls, qui le savent vaguement et qui ont l'habitude de leur théâtre, dont l'esprit est formé à cette mimique, comprennent bien. Aucun geste ne leur échappe et leur silence absolu atteste l'intérêt qu'ils portent à la représentation.

L'arrivée de Léak-Sénavongs et de sa mère chez le Maha-Rusey avec néang Kessa est une belle scène, une belle mimique et s'achève par un accroupissement général des princes, des princesses et des suivantes. Le cœur déborde de joie et tout ce monde se prenant deux à deux, sauf les trois principaux personnages qui forment un groupe central, pleure, sanglote en cadence avec des secousses du tronc, des épaules qui remuent par saccades, et de la tête qui se balance d'une

Prince et princesse sanglotant.

épaule à l'autre, alors que la main droite cache les yeux et soutient le diadème. Néang Kessa pleure, s'appuie sur l'épaule du jeune Léak-Sénavongs, dit ses craintes, ses rêves quand elle dormait, ses insomnies et ses « longues pensées dans la nuit », ses peurs, ses désespoirs et ses envies de mourir. Le Maha-Rusey survient plus vieux, d'une démarche plus tremblotante, plus lourde. Il est heureux, il regarde ses deux enfants et voilà ceux-ci qui, pour le saluer, tournent autour de lui, de manière à lui présenter l'épaule droite, image du mouvement circulaire que les planètes exécutent autour du mont Mérou. Cette circumambulation respectueuse achevée, il leur annonce sa mort prochaine, son espoir en le Nirvana, puis il les renvoie parmi les vivants, car déjà lui, dit-il, vit parmi les morts.

Alors c'est la marche du retour au royaume de Bénarès, c'est le cortège qui fait sept fois le tour de la scène, c'est le défilé de tout à l'heure avec, en plus, néang Kessa qui, s'appuyant sur le roi, marche des pas de chimpanzé. — Ses gestes gracieux, sa tournure séduisante, lascive et ses jolis mouvements de bras qui se cambrent en dehors, de mains qui se reversent alors que les doigts ont de ces ondulations inouïes qu'on a pu admirer, en 1906, chez la Radha du Théâtre Marigny.

Voilà le théâtre cambodgien d'après une fin de pièce qui dure quatre jours et qui achève tout un poème. Je n'ai pas tenté d'être court, parce qu'il fallait, à mon sens, rendre la physionomie d'une pièce qu'on dit bien faite, afin de donner une idée juste de cet art théâtral qui séduit le premier jour et qui lasse si vite les Européens, qui le trouvent monotone parce qu'ils ne comprennent ni les paroles chantées, ni la mimique cadencée, ni surtout la chironomie si expressive.

VI

Les *accessoires* se composent d'abord d'un *char* à deux roues dit *bossabok* tiré par deux hommes coiffés d'un long cou qui s'achève par une tête de cheval en carton. Ce char en bois doré, est couvert d'ornements rituels ; il comporte deux étages, le plus élevé reçoit le principal personnage qui d'ordinaire est une femme jouant le rôle de princesse. Quand il reçoit deux personnes, c'est un prince et une princesse, le mari et la femme, le fiancé et la fiancée, la mère et le fils, ou bien le frère et la

Le char bossabok.

sœur. Sur l'étage inférieur il y a place, en avant et en arrière pour deux personnes qui sont toujours des suivantes.

Les armes sont : l'*arc* en bois doré, sorte de petite arbalète très légère s'achevant par un bouquet de feuillages et incapable de lancer véritablement une flèche ; — les *flèches* qui, d'ordinaire, sont portées à la ceinture et qui, placées sur l'arc, basculent sous la pression des doigts de la main gauche en même temps que l'index de la droite lâche la corde de l'arc ; elles viennent se placer le long de la corde ; — le *sabre* en bois dit *khant* (*s. khanda*), le bâton léger, long de 70 centimètres et qui est représenté par une baguette, le bâton qui arme les ogres ou *yak* (*s. yaksá*) et qui remplace la massue classique ou *dâmbâng* dont il est convenu que les ogres sont armés.

L'*éventail* est aussi un des plus gracieux accessoires. Il se trouve entre les mains de la courtisane qui cherche à aguicher un prince, d'une suivante qui veut supplanter une reine et se faire aimer par le roi, d'une ogresse qui a pris la forme d'une jolie femme, mais dont le regard est fixe, dont les paupières ne battent pas et qui brûle d'un amour frénétique pour un humain. On le trouve surtout dans la main des danseuses quand elles exécutent le ballet des éventails qui a été donné à Paris en 1906 dans le parc de l'Élysée.

J'ai dit plus haut comment on imagine de représenter les fléaux du *vent*, de l'*eau*, du *feu*. Ce sont des accessoires de convention qui sont puérils, qui ne satisferaient pas nos exigences scéniques et dont, parfois, le jeu n'est pas saisi des

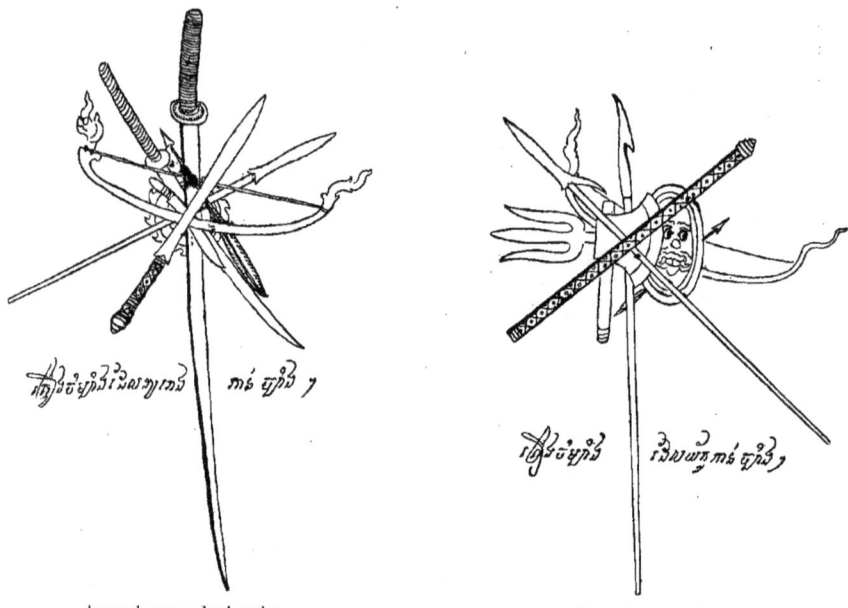

Armes de guerre des humains.   Armes de guerre des ogres.

Européens, bien que toujours très bien compris des indigènes et même des petits enfants, qui murmurent : *Khyâl énêh, tuk phlieng énêh ; phlœung énêh*, « c'est le vent, c'est l'eau de pluie, c'est le feu ».

Un autre accessoire curieux, employé dans le *Préah Eso*, est la boule de bois ornée de clinquant vert et bleu que néang Mechchala (la dame des nuées) jette en l'air de la main droite et qu'elle reçoit de la main gauche quand elle est serrée de trop près par le roi des ogres ou yaksas qui tente de l'enlever au milieu de son cortège de princes et de princesses. Cette boule est l'emblème de la foudre que la dame des nuées déchaîne et qui, chaque fois, atteint le yaksa. Celui-ci, étant blessé, chancelle et parfois tombe à terre. Il se relève et recommence la lutte jusqu'à ce qu'il succombe définitivement.

Quand on veut attacher un prince, un ogre ou yaksa, l'accessoire est non une corde, mais un demi-lé de cotonnade rouge. Quand il s'agit d'une femme, le lé de cotonnade est remplacé par une écharpe.

Dans une certaine pièce, il s'agit de jeter à terre une statue représentée par une danseuse qui, vêtue en homme, est masquée d'une tête à cheveux moutonnée. La corde employée est figurée par un demi-lé de cotonnade rouge dont une extrémité est posée sur le bord du *balang* ou trône sur lequel elle est assise. Ce demi-lé, à peine long de deux mètres, est tenu par quatre hommes non costumés et devrait s'étendre aux deux filles de princes qui prolongent les quatre hommes dont je viens de parler, puisqu'en chantant un air d'entraînement, tout le monde fait le mouvement de tirer avec ensemble. En fait, les danseuses qui font les princes ne tiennent rien et quand, sous une pression légère, les bouts glissent du trône, ce qui signifie que la corde s'est brisée sous la tension, tout le monde s'abat à terre.

Je parle ici des accessoires et non d'autre chose. Je ne puis cependant résister au désir de décrire la jolie scène qui survient alors. Seize petites filles vêtues du langouti, le corps dans un tricot, la tête découverte, la petite houpe bien nouée au sommet de la tête, et la figure non fardée, surviennent en marchant à genoux, sur deux lignes. C'est le peuple, ce sont les gens du voisinage, les indigènes qui viennent saluer ces nobles étrangers et qui supplient pour qu'on ne renverse pas la statue, qui discutent, supplient encore et qui, persuadés, finissent enfin par dire que la statue est non seulement lourde et difficile à enlever de son *balang* mais impossible à déplacer si on ne connaît pas le secret de la faire se déplacer elle-même. Les princes demandent ce secret et les indigènes le leur disent. C'est alors que paraît un nouvel accessoire : une certaine fleur attachée au bout de la corde d'un petit fouet. La danseuse principale prend cet objet dans un arbuste, s'avance vers la statue qui s'ébranle, descend du *balang*, suit la fleur et fait le tour de la scène. Elle s'échappe, remonte sur son *balang*, est de nouveau séduite, ramenée par la fleur, s'échappe encore ; elle est reconquise par la fleur, cherche à la prendre et finalement la suit de plus en plus vite, fait trois fois le tour de la scène et disparaît dans le foyer des artistes par la porte de gauche qui est toujours celle des sorties, précédée du prince qui tient la fleur et suivie des autres personnages. Cette scène est charmante.

Dans une autre pièce où il s'agit tout d'abord de montrer que la scène va se passer dans la forêt montagneuse, on a imaginé de faire paraître deux singes, l'un gris et l'autre blanc. Ce sont des femmes vêtues de costumes princiers mais dont la tête est emboîtée dans un masque. Elles arrivent sautant et marchant comme marchent les singes, puis gambadent et font la roue en s'élançant de côté sur les paumes, les jambes en l'air et retombant sur les pieds. Elles se grattent les aisselles, les reins, reculent et avancent comme de vrais singes, très actives toujours en mouvement, jouant avec leur queue. Il n'y a des singes que dans la brousse, dans la forêt, c'est donc dans la forêt que nous sommes.

Pour indiquer que la scène va se passer non seulement dans la forêt mais dans la forêt montagneuse, aux singes succèdent les kénarey (sanscrit *kénari*) qui sont, on le sait, des êtres mythologiques dont la partie supérieure du tronc depuis la ceinture est un corps de femme et dont la partie inférieure est celle d'un coq. La tête est couverte du mukuta pointu en or, le corps est enfermé dans un maillot collant, très exactement de la couleur des bras qui sont nus. La croupe est enveloppée d'un langouti bien serré au-dessous duquel tombe la culotte courte en brocart d'or. Des reins partent des ailes qui, par derrière, s'étendent comme celles d'un coq et, des mollets, se détachent des plumes faites de brocart d'or qui rappellent de loin le plumage de certains coqs emplumés jusque sur les pattes. Sur les pieds on a fixé un ornement orné de griffes, les doigts et les ergots des coqs. Ce costume est ingénieux et les personnages qu'il caractérise, plus vifs dans leur danse, dans leurs mouvements que ne le sont à l'ordinaire les danseuses dans les rôles de femmes, sont intéressants à suivre dans les évolutions. Les kénarey sont réputées très amoureuses, lascives, infidèles à leurs maris, — les kénar (s. *Kênara*), — recherchent les hommes et les aguichent quand ceux-ci s'aventurent dans la montagne, s'offrent à eux, se les disputent entre elles. On les dit *éreintantes*, épuisantes tant elles sont amoureuses de ceux qui s'abandonnent à elles. Sur la scène, on devine qu'elles sont tout ce qu'on en dit parce que leurs mouvements sont provoquants. Mais quand elles sont entre elles, elles jouent, dansent, vont se baigner, s'amusent à jeter dans les torrents des pierres rondes pour faire jaillir l'eau sur les camarades, à faire rouler les galets qui sont de gros coussins noirs. Dans les pièces où elles ne sont, pour ainsi dire, que des accessoires, parce qu'elles y caractérisent la montagne, leurs danses sont gracieuses et les ballets qu'elles interprètent toujours agréables. Alors, ayant chacune deux branches d'arbustes chargées de fleurs, une

Kénarey se promenant dans la forêt.

à chaque main, elles font acte d'adoration, à genoux, sans joindre les mains, en élevant de bas en haut leurs fleurs avec la cadence spéciale au grand salut et les saccades des reins qui le rendent si curieux. Elles se groupent, forment deux lignes qui marchent l'une vers l'autre, reculent pour revenir, les bras gracieusement levés et prenant toutes sortes de positions parfois bizarres, cambrés et comme brisés au coude, alors que les branches chargées de fleurs décrivent des courbes aimables ; puis les deux lignes se traversent pour recommencer la figure. A cela succède le groupement en cercle avec les fleurs ramenées au centre, tournant sur lui-même, puis la rupture de ce cercle, sa reformation, sa rupture encore avec des pas curieux. Les kénaras et les kénarey n'habitent que la montagne très boisée : donc la scène va se passer en montagne, sous les grands arbres, c'est-à-dire dans l'Himalaya, car c'est toujours dans cette montagne mystérieuse, qui frappait l'imagination des Hindous, que se passent toutes les scènes d'une pièce de théâtre quand elles doivent s'accomplir en montagne.

Dans une autre pièce où deux princes n'ayant pu se vaincre, conviennent de s'en rapporter à un combat de coqs, chaque prince amène son coq et celui dont le coq sera vainqueur prendra le territoire de l'autre. Deux femmes accroupies sautent et battent des bras comme les coqs battent des ailes et poussent le kokoriko comme eux. Elles sont amenées par deux compagnons des princes, mises en présence, caressées des mains, retenues puis lâchées et le combat commence par des petits bonds accroupis, continue par des coups de tête qui rappellent des coups de bec, puis il s'achève par la chute d'une des combattantes, la chute sur le côté, des coups de tête du coq vainqueur et par le kokoriko du triomphe. Rien n'est plus amusant, plus drôle et plus risible que cette scène qui met dans la joie la plus bruyante les spectateurs et les spectatrices.

VII

Les instruments de musique employés au théâtre sont au nombre d'une dizaine. Je vais les nommer ici et tâcher d'en donner une description rapide :

1, 2 et 3. — D'abord les trois *ronéat* ou harmonicas : — le *ronéat dék* ou ronéat

à lamettes en fer (*dék*); — le *ronéat ék* ou ronéat à lamettes en bambou, et le ronéat *thung* à lamettes en bois dur. Ce sont des boîtes ou âmes qui ont la forme de lits bas ou de nacelles à l'intérieur desquelles on a suspendu à l'aide de ficelles des lamettes accordées que l'on frappe avec deux petits bâtonnets s'achevant par des rondelles.

4. — Le *sang-na* est un tambourin long semblable à celui bien connu de nos populations du midi, que l'artiste tient sur ses cuisses.

5-6. — Les deux *kong*, le petit (*toch*) et le grand (*thom*), qui sont faits de seize cimbales de bronze accordées et suspendues sur un bâtis circulaire haut d'environ 30 centimètres, et que l'on frappe à l'aide de bâtonnets s'achevant par une rondelle.

7. — Le *khloy* qui est une sorte de flageolet.

8. — Le *sralay* qui est une autre espèce de flageolet.

9. — Le *sâmpho* qui est un tambourin court posé sur un double pied.

10. — Le *skôr* qui est le double *gong* que l'exécutant frappe simultanément à l'aide de deux baguettes et dont le son rappelle un peu celui d'une grosse caisse de petit modèle. La peau est en cuir de buffle clouée tout autour à l'aide de chevilles.

Les lamettes de bambou que battent les chanteurs marquent la mesure du chant et celle de la danse.

VIII

Il n'y a à Phnôm-Pénh, et même au Cambodge, que trois salles de théâtre, deux sont situées au palais royal.

L'une est dans la cour de la seconde enceinte, elle est accessible à tout le monde et les Européens la nomment de ce fait « salle publique des danses »; les indigènes la désignent sous le nom de *roung lokhon luong* « salle des artistes du roi ».

La seconde salle est située à l'intérieur du palais et n'est accessible qu'aux gens du palais et à ceux des Européens que le roi invite particulièrement.

La troisième salle est celle du ministre de la Justice ou oknha youmréach (*yamarâja*). Il y en avait une autre autrefois, celle l'akkamohasêna (premier grand conseiller), mort il y a sept à huit ans. Le youmréach possède une troupe de danseuses qui lui coûte très cher. Les chanteuses, la souffleuse quand il en a besoin (*néak bœk krâng*, celle qui ouvre le livre) et les musiciens lui sont gracieusement prêtés par le roi.

Parfois, à l'occasion d'une fête, le roi envoie un ou deux corps de ballet danser sous un hangar de fortune, construit en paille, au pied du *phnôm* ou colline qui est au centre de la capitale.

Je n'ai pas à parler ici des salles de danses privées du roi et du youmréach. Je ne m'occuperai que de la salle des danses publiques, parce qu'elle est la seule qui rappelle, dit-on, les salles en usage autrefois, au temps où le Cambodge était un grand royaume.

De fait, quand les dessinateurs veulent représenter une salle de danses, il

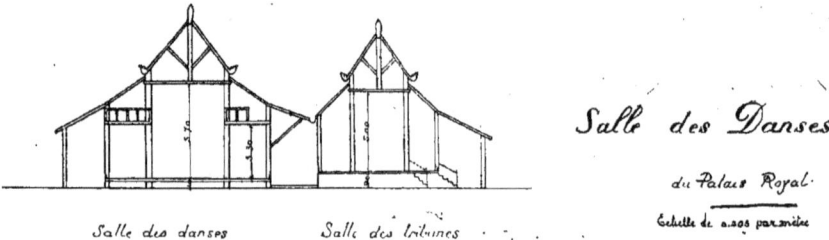

Salle des Danses du Palais Royal.

semble qu'ils prennent la salle actuelle pour modèle. Le théâtre actuel compte trois bâtiments joints, d'abord la salle des danses ABCD qui mesure 53 m. 60 de longueur sur 10 mètres de largeur. C'est un vaste hangar (*roung*) ouvert à tous les vents dont la toiture de la partie réservée aux danses EBCF est supportée par 44 colonnes en bois placées sur quatre lignes. L'extrémité ouest de ce bâtiment est réservée au foyer des artistes. Ce foyer AEDF est séparé de la salle des danses par une cloison percée de deux portes; celle du sud-ouest P est la porte d'entrée des danseuses, celle du nord-ouest est P' la porte de sortie. Entre ces deux portes, existe un escalier d'apparat conduisant de la salle des danses, sous le toit à une passerelle presqu'aussi longue que la salle, suspendue par des tringles de fer. C'est à l'aide de cette passerelle que des femmes suspendues à des fils d'acier peuvent représenter les déesses de l'air ou les princesses et les princes voyageant au travers des nuées.

Les danses ont lieu dans l'espace EBCF. Le parquet de cette salle est élevé de 60 centimètres environ au-dessus du sol.

Séparé de la salle des danses, au côté nord, est un autre bâtiment HIJL dont le toit vient rejoindre l'extrémité du toit de la salle précédente, au-dessus d'une large gouttière. Ce bâtiment également ouvert à tous les vents et comptant « 76 colonnes comprend deux parties : une partie à raz le sol, où les ministres et les

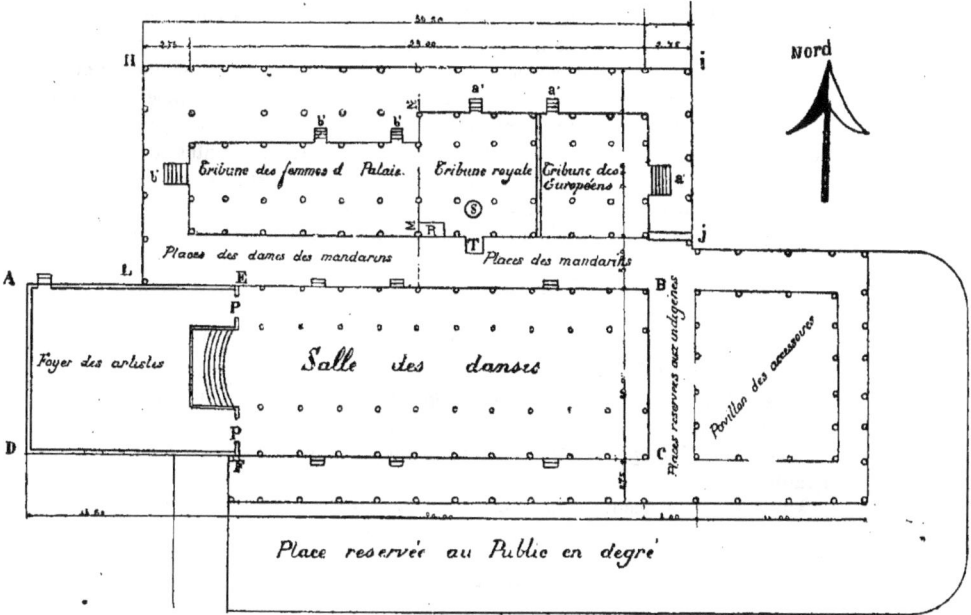

autres grands mandarins prennent place. Il y a quelques années, ils étaient assis sur des nattes, actuellement ils sont sur des chaises, et une partie élevée en tribune.

Cette tribune haute d'environ un mètre au-dessus du sol, est partagée en deux parties égales par une cloison de bois, MN, percée d'une porte garnie de miroirs qui permet de passer d'une pièce dans l'autre. La tribune de l'ouest est réservée aux femmes du palais, la tribune de l'est est celle du roi, de ses invités européens, et des dignitaires, des princes qui se tiennent à sa disposition.

Cette dernière tribune compte elle-même deux parties, celle où se tient le roi et ses invités directs, celle plus basse d'une marche où prend place le public européen.

Une sorte de lit royal R ou *balank*[1] surmonté d'un dais blanc frangé d'or haut de 60 centimètres environ est appuyé de la tête à la cloison dont je viens de parler. On trouve dessus un matelas de brocart et un oreiller de soie blanche. Ce lit ne sert à rien, le roi ne s'y met jamais, mais il atteste l'usage qu'avaient autrefois les rois du Cambodge de s'y étendre pour assister aux danses.

Le roi actuel, de même que Noroudâm, lui préfère une simple chaise de bois doré placée à peu de distance et à l'est du lit, en avant d'une petite table S et en face d'une petite logia T d'un mètre et demi carré qui se détache de la tribune et qui s'avance vers la scène. C'est dans cette logia que le roi se plaçait jadis quand il ne voulait pas se mettre sur le lit. Mais depuis que les Européens assistent aux danses, il n'y prend plus jamais place et reste assis sur sa petite et maigre chaise, de bois doré, à côté d'une autre chaise semblable que le résident supérieur occupe

---

1. Palanquin = un trône, un lit bas.

à sa gauche. Faisant suite à ces sièges, sont quatre fauteuils Louis XIV, puis des chaises Thonnet et derrière ces fauteuils et ces chaises, six rangées d'autres chaises, Derrière le roi et le résident supérieur, est la table ronde S recouverte d'un riche tapis broché d'or sur laquelle sont posés tous les objets qui constituent les insignes royaux : la boîte à bétel en or travaillé très finement, dont le couvercle porte un groupe de diamants noyés dans une rosace, et posée sur une coupe en or repoussé ; l'aiguière royale qui est placée sur une autre coupe en or repoussé où elle s'emboîte absolument ; une coupe en or repoussé dans laquelle est déposée la mèche en forme de corde qui permet au roi et à ses invités d'avoir, à portée de leur main, du feu pour allumer leurs cigares ou leurs cigarettes ; un plateau contenant les divers ustensiles nécessaires à la confection de la chique de bétel et d'arec, bien que le roi ne chique pas et que personne ne chique autour de lui.

Deux escaliers a et a' sur le côté nord, et autre a'' sur le côté est permet d'accéder à cette tribune.

Trois autres b b' et b'' permettent d'accéder à celle des femmes du palais, mais un mur percé d'une porte Q toujours fermée que surveille un kromovéang, ou gardien du palais, empêche le public de pénétrer derrière cette tribune et de communiquer avec les femmes.

La souffleuse ou lectrice (*srey-âmbât*) qui en fait, est plutôt la hurleuse et les chanteuses qui sont aussi des claqueuses, se placent en face de la tribune réservée au roi et aux Européens, sur une seule ligne, parfois sur deux quand elles sont nombreuses.

Au-dessus de la scène, suspendue à des barres de fer, est une passerelle et divers

Dame Bossaba dansant sur un char. — Sa suivante.

apparaux à l'aide desquels on peut promener au-dessus de la scène des « déesses de l'air » ou des princes en possession d'un talisman leur permettant de voyager au travers des nuages.

Toute cette salle, au toit soutenu par des colonnes maigres entourées de cotonnades rouges et parfois ornées de branchages quand la scène reproduit soit un parc, soit une forêt, était autrefois éclairée par des mèches trempant dans des bols pleins d'huile de bois ; plus tard on remplaça cette huile par un mélange de pétrole et d'huile qui donnait une lumière plus claire. Des hommes marchant accroupis, exactement comme un singe dont un bras tiendrait un gros fruit et qui se servirait de leur autre main posée à terre pour aller plus vite, couraient d'une lampe à une autre, étaient constamment occupés à tirer sur la mèche quand, brûlée, elle menaçait de se noyer ou bien à réduire le feu qui la consumait quand la flamme était trop grande. Aujourd'hui la salle des danses est éclairée par des grosses lampes à pétrole pendues au plafond et surtout par des ampoules électriques.

Afin d'être complet et bien que ce bâtiment ne fasse pas partie de la salle des danses, je dirai qu'un pavillon situé à l'est cache un peu la salle de danse et empêche le soleil d'y pénétrer dans la matinée. Ce pavillon, qui est dans le style khmèr et qui peut être fermé, sert à ramasser les chaises, les fauteuils, la table et tout ce qui meuble la salle des danses et pourrait être emporté.

Le Puy-en-Velay. — Imprimerie Peyriller, Rouchon et Gamon, boulevard Carnot, 23.

LE PUY, IMP. PEYRILLER, ROUCHON & GAMON, BOULEVARD CARNOT, 23.

www.ingramcontent.com/pod-product-compliance
Lightning Source LLC
Chambersburg PA
CBHW060522050426

42451CB00009B/1119